기습 공격이 시작된다

내가 만난 재난 ⑦

기습 공격이 시작된다 – 1941년 진주만 공격

처음 펴낸 날 2021년 11월 5일 | **두 번째 펴낸 날** 2025년 3월 20일

글 로렌 타시스 | **그림** 스콧 도슨 | **옮김** 오현주
펴낸이 이은수 | **편집** 오지명, 최미소 | **디자인** 원상희
펴낸곳 초록개구리 | **출판등록** 2004년 11월 22일(제300-2004-217호)
주소 서울시 종로구 비봉2길 32, 3동 101호 | **전화** 02-6385-9930 | **팩스** 0303-3443-9930
인스타그램 instagram.com/greenfrog_pub

ISBN 979-11-5782-116-7 73840

내가 만난 재난 ⑦ 1941년 진주만 공격

기습 공격이 시작된다

글 로렌 타시스 | 그림 스콧 도슨 | 옮김 오현주

초록개구리

I SURVIVED: THE BOMBING OF PEARL HARBOR, 1941 by Lauren Tarshis.
Text Copyright © 2011 by Lauren Tarshis.
Copyright © 2018 by Dreyfuss Tarshis Media, Inc.
By arrangement with the Proprietor. All rights reserved.
Korean translation copyright © 2021 by Green Frog Publishing Co.
Korean translation rights arranged with Brandt & Hochman Literary Agents, Inc.
through Eric Yang Agency.

이 책의 한국어판 저작권은 EYA (Eric Yang Agency)를 통해 Brandt & Hochman Literary Agents, Inc.과
독점 계약한 초록개구리에 있습니다.
저작권법에 의하여 한국 내에서 보호를 받는 저작물이므로 무단 전재 및 복제를 금합니다.

차례

갑자기 시작된 공격 · 7
돌아가야 하는 이유 · 10
핀과의 추억 · 17
대단한 아이 · 24
아키의 초대 · 30
수도 아주머니 · 36
대니의 계획 · 43
몰려오는 공격기 · 47
미국이 공격당했다! · 55
히캄 공군 기지 · 60
다시 시작된 공격 · 67
망가진 기지 · 76
끝나지 않은 · 82
크리스마스 선물 · 88

작가의 말 · 93
한눈에 보는 재난 이야기 · · · · · · · · · · · · · · · · · 94

갑자기 시작된 공격

1941년 12월 7일 오전 8시 5분
미국 하와이주 펄시티

미국이 공격당하고 있다!

폭탄을 실은 공격기 수백 대가 하와이 진주만으로 몰려왔다. 공격기에서 발사된 기관총 소리가 하늘을 울렸다. 폭탄과 어뢰가 빗발치듯 쏟아졌다.

폭발음이 하와이의 푸른 하늘을 갈랐다.

우르르 쾅…… 우르르 쾅…… 우르르 콰아앙!

미국의 강력한 군함들이 불길에 휩싸였다. 핏빛처럼 붉고 검은 연막이 항구를 뒤덮었다.

열한 살짜리 남자아이 대니 크레인은 몇 주 전 하와이로 이사했다. 엄마는 대니에게 해로운 환경을 벗어나려고 대니와 함께 이곳에 왔다. 전에 살던 뉴욕은 곳곳에서 사고와 범죄가 끊이지 않았으며 쥐가 들끓을 정도로 더러웠다.

하지만 대니는 뉴욕에 살던 그 어느 때보다 지금 이 순간이 두려웠다. 대니는 혼자서 목숨을 걸고 도망치고 있었다.

연기 속에서 갑자기 튀어나온 공격기 한 대가 대니를 스쳐, 아무도 없는 해변을 가로질렀다. 대니는 모래를 박차고 전속력으로 달렸다. 하지만 더 달릴 곳도, 숨을 곳도 없었다.

대니는 공격기가 어느 정도 따라왔는지 보려고 뒤돌아봤다. 공격기는 조종석 안까지 보일 정도로 가까이 있었다. 조종사가 고글 너머로 대니를 쏘아보고 있었다.

따타타타타.

따타타타타.

기관총이 발사됐다!

대니는 있는 힘껏 더 빠르게 달렸다. 연기를 들이마셔 가슴이 타들어 가는 것 같았다.

따타타타타.

따타타타타.

대니의 눈으로 모래가 튀었다. 바로 그때, 뒤에서 세상을 완전히 부숴 버릴 듯 어마어마한 폭발이 일었다.

대니의 몸이 솟구치더니 아래로 쿵 떨어졌다.

그리고 대니의 귀에는 아무것도 들리지 않았다.

돌아가야 하는 이유

1일 전, 1941년 12월 6일
하와이주 펄시티

대니와 엄마는 자그마한 집 부엌에 서서 창밖을 바라봤다. 엄마가 대니를 감싸 안으며 말했다.

"저기 좀 봐. 우리가 여기 살게 됐다니, 믿어지니? 세상에서 가장 아름다운 곳일 거야."

엄마 말이 맞았다. 바깥 풍경은 엽서의 한 장면 같았다. 야자나무가 부드러운 바람에 살랑이고, 덤불에 분홍색과 흰색 꽃이 가득 피어 있었다. 멀리 바다에는 은빛 물비늘이 반짝였다.

하지만 대니는 더 이상 이 풍경을 보고 싶지 않았다.

대니는 뉴욕으로 돌아가 오래된 아파트에서 창밖을 내다

보고 싶었다. 얼룩덜룩 지저분한 건물, 연기가 가득해 탁한 공기, 길거리에 나뒹구는 쓰레기, 그리고 대니의 가장 친한 친구 핀이 보고 싶었다. 핀이 저 아래 골목에서 대니를 향해 손을 흔들던 모습도.

엄마는 하와이로 오면 대니가 새롭게 시작할 수 있을 것이라 믿었다. 이곳에서는 대니가 위험한 상황에 맞닥뜨릴 일이 없었다. 깡패 얼 개스키 패거리가 없으니 사건에 휘말릴 일도 없었다.

대니와 핀은 가끔 말썽을 부렸다.

그리 심각한 건 아니었다! 수업을 땡땡이치고 영화관에 숨어들거나 과일 진열대에서 사과 한두 개를 슬쩍하는 정도였다.

물론 그때마다 얼 패거리와 함께였다. 이웃들은 대니에게 얼을 조심하라고 일러 주었다. 얼이 잔인한 범죄자라 얼에게 밉보이면 대니의 다리를 부러뜨릴 거라고 했다. 어떤 사람들은 얼 패거리가 거리를 지키고, 마을의 노부인을 돌보고 있다고 했다. 어쨌든 얼은 대니와 핀에게 항상 좋은 사람이었다. 심부름하는 대가로 매일 1달러씩 쥐여 주고, 자기 차로 운전도 가르쳐 줬다.

가끔 얼 패거리 없이 대니와 핀 둘만 거리를 다닐 때는 무서웠지만, 둘은 항상 서로를 지켜 줬기 때문에 괜찮았다.

다른 누가 대니와 핀을 지켜 줄 수 있을까? 둘은 각자 집에서 외톨이나 다름없었다.

대니네 아빠는 대니가 태어나기도 전에 어디론가 떠나 버렸다. 대니네 엄마는 최선을 다했지만 늘 힘들어했다. 일하는 동안에는 대니를 돌볼 수 없었기 때문이다. 병원 간호사인 엄마는 교대를 마치면 피곤한 몸을 이끌고 겨우 집에 왔다. 엄마는 대니에게 인사하자마자 10분 정도 눈을 붙이고, 저녁을 차려 놓고 바로 사무실 청소일을 하러 나가 자정이 되어서야 집에 돌아왔다.

핀네 부모님은 핀 말고도 아이 다섯을 더 돌봐야 했다. 그 많은 가족이 어두침침한 방 두 개짜리 아파트에서 다닥다닥 붙어 지냈다. 이러니 대니와 핀은 늘 가까이 지낼 수밖에 없었다. 친구보다 형제에 가까웠다. 둘이 함께 있으면 어떤 불

행도 다가오지 않을 것 같았다.

적어도 두 달 전 어느 밤까지는 그랬다.

하와이에서도 대니는 창밖의 야자나무를 보면서 그날을 떠올렸다. 머릿속에서 끊임없이 상영되는 공포 영화 같았다. 대니는 건물 벽에 달린 비상계단이 떨어져 나가면서 철이 긁히는 기분 나쁜 소리를 들었다. 핀의 비명과 곧바로 툭 하는 소리가 이어졌다. 4미터가 넘는 높이에서 핀이 떨어지는 소리였다. 대니는 핀이 바닥에 누워 있는 모습을 똑똑히 보았다. 핀의 머리에서 피가 배어 나왔다. 곧이어 사이렌을 울리는 구급차가 도착했다.

얼마 후, 병원에서 만난 핀은 고통스러워했다.

그날 밤에 엄마는 이 도시를 떠나자고 했다.

"떠날 때가 됐어. 네게 끔찍한 일이 생기기 전에 떠나자."

처음에 엄마가 하와이로 간다고 말했을 때, 대니는 농담인 줄 알았다. 하와이는 천국처럼 상상 속에만 존재하는 땅 아닌가?

그런데 아니었다.

하와이는 실제로 있었다. 여러 섬으로 이루어진 하와이는 미국이 통치하고 있었다. 게다가 하와이의 '진주만'이라는 곳에 어마어마한 규모의 미군 기지가 있다고 했다. 그곳 히캄 공군 기지에 있는 병원에서 일할 간호사를 모집 중이었다. 엄마에게 당장이라도 일하자고 했단다.

그렇게 일주일 후, 대니와 엄마는 샌프란시스코로 향하는 기차에 올랐다. 그리고 샌프란시스코에서 태평양을 가로질러 하와이 오아후섬으로 향하는 배에 탔다.

엄마는 대니에게 이제 뉴욕은 마음에서 지우라고 말했다.
"우린 새로 시작하는 거야."

하지만 대니가 어떻게 핀을 버릴 수 있을까?

대니는 차마 그럴 수 없었다. 지금 핀에게는 자신이 필요할 텐데. 게다가 자신 때문에 핀이 다쳤다. 비상계단을 올라가 보자고, 23번가 폐건물을 탐험해 보자고 한 사람이 바로 자신이었다. 핀이 내키지 않는다고 했지만, 대니는 오히려 핀에게 겁쟁이라고 했다. 그리고 둘이 2층을 지나 올라갈 무렵, 완전히 녹슨 비상계단이 무너져 내리면서 끔찍한 소리가 났다. 대니는 층계참에 겨우 올라섰지만, 핀은 그러지 못했다. 핀은 그렇게 바닥으로 떨어지고 말았다.

하지만 대니는 지금 바다 건너에 있는 섬에 있었다. 대니는 뉴욕으로 돌아가야 했다.

뉴욕으로 돌아갈 수 있는 카멜라호가 내일 아침 호놀룰루 항구에서 출항할 것이다.

대니는 엄마 몰래 그 배에 올라탈 생각이었다.

핀과의 추억

　엄마는 하얀색 간호사 모자를 고쳐 쓰면서, 다녀오겠다고 인사했다. 대니는 엄마가 문을 열며 한숨을 쉬는 소리를 들었다.

　대니는 서둘렀다. 엄마는 하와이의 펄시티가 범죄 없는 안전한 곳이라 했지만, 대니는 늘 하던 대로 문을 열자마자 조심스레 밖을 살폈다. 문 앞에 숨어 있다 덮치려는 사람이 있을지도 모른다.

　하지만 현관 앞에는 아무도 없었고, 리본이 묶인 화분만 놓여 있었다. 분홍색 꽃을 심은 화분이었다.

　"세상에! 이 남자 지치지도 않네."

엄마가 말했다. 지난주 내내, 아침마다 현관 앞에는 엄마를 향한 선물이 놓여 있었다. 모두 앤드루 마시엘, 그러니까 '맥'이라 부르는 대위인가 하는 사람이 보낸 선물이었다. 맥은 엄마가 일하는 히캄 공군 기지의 B-17 조종사였다. 대니는 엄마를 집에 바래다주던 맥과 몇 번 마주친 적 있었다. 처음에 대니는 뉴욕에서 온 맥이 나쁜 사람일 리 없다고 생각했다.

하지만 맥은 뉴욕에서도 호화롭기로 유명한 서턴플레이스에서 왔다고 했다. 대니와 핀은 서턴플레이스에 사는 아이들이 싫었다. 기사가 운전하는 차를 타고 다니며 거들먹거리는 모습이 거슬렸기 때문이었다.

대니는 내심 엄마와 그 남자가 잘되지 않았으면 했다.

엄마가 꽃향기를 맡으며 살짝 웃었다. 그리고 화분을 대니에게 건넸다.

대니에게 다시 한 번 뽀뽀를 하고 엄마는 길을 나섰다. 길모퉁이로 사라지는 엄마에게서 콧노래가 들려왔다.

대니는 화분을 조그만 뒤뜰로 가지고 나왔다. 그러고는 금방이라도 부서질 것 같은 작은 의자에 앉았다. 얼굴에 내리쬐는 햇볕이 좋았다. 바다에서 따뜻한 바람이 불어왔다. 뉴욕으로 돌아간다 해도 이곳의 냄새는 생각날 것 같았다. 사탕수수와 파인애플처럼 달콤한 냄새였다. 진주만에 정박한 군함에서 매시간 울리는 경적 소리도 분명 그리워질 거다.

해군 기지는 집에서 5분 거리였다. 당장이라도 총을 쏠 준비가 된 군함 100대가 항구에 가득 차 있었다. 그중 8대가 특히 근사했다. 마치 고층 건물을 옆으로 눕혀 놓은 것처럼 크기가 어마어마했다. 엄마는 군함에 달린 총은 한 방으로도 집을 산산조각 낼 수 있다고 말했다.

대니는 뉴욕에 있는 선생님에게 자기가 본 군함을 이야기해 주고 싶었다.

학교 선생님들은 대부분 대니와 핀에게 무관심했다. 하지만 밀스 선생님은 달랐다. 대니와 핀은 날이 덥든 춥든 밀스 선생님을 위해 칠판을 닦았다. 밀스 선생님은 항상 그러라고 하고는 차가운 레모네이드나 따뜻한 코코아를 둘이 먹을 수 있을 만큼 넉넉히 보온병에 담아 줬다. 밀스 선생님의 교실 벽에는 커다란 세계지도가 걸려 있었다. 대니와 핀 둘이

서 지도의 어떤 곳을 가리키면 선생님은 그 나라에 대해 설명해 줬다.

최근에 밀스 선생님은 세계 곳곳에서 일어나는 전쟁에 대해 말해 줬다. 아시아를 가리키면서 일본이 중국과 치르는 전쟁을, 유럽을 가리키면서 독일의 미치광이 아돌프 히틀러를 이야기해 줬다. 히틀러는 최대한 많은 나라를 정복하기 위해 군대를 파견하고 있다고 했다.

밀스 선생님은 히틀러를 몹시 싫어했다.

"세계가 힘을 합쳐 그 괴물을 막아야 해. 지금 히틀러가 유럽을 쑥대밭으로 만들고 있어. 두고 보렴. 우리가 히틀러를 막지 않으면 다음 차례는 미국이 될 거야. 엠파이어 스테이트 빌딩 꼭대기에 독일 국기를 꽂으려 들걸."

밀스 선생님은 둘을 보며 말했다.

대니와 핀은 그런 일이 생기는 걸 원치 않았다. 어느 날 둘은 충격적인 소문을 들었다. 얼 패거리 중에 하나가 말하길, 독일의 유보트 잠수함이 브루클린에 있는 코니아일랜드 바다 근처에 잠입해 있다고 했다.

그렇단 말이지! 대니와 핀은 수업을 빼먹고 브루클린행 지하철을 탔다. 둘은 코니아일랜드 해변에 온종일 앉아, 추위에 덜덜 떨면서 유보트가 나오는지 감시했다. 둘은 유보트가 어떻게 생겼는지 몰랐다. 하지만 전혀 문제가 되지 않았다. 핀은 야구 방망이를 가져왔다. 독일 군인이 해변에 나타나면 핀이 사정없이 때려눕힐 생각이었다. 그날 둘은 유보트를 찾지

못했다. 하지만 소득이 아예 없던 것은 아니었다. 미국을 지키기 위해 학교에 빠졌다는 소식을 들은 밀스 선생님은 조금도 고민하지 않고 받아쓰기 시험에서 둘에게 만점을 주었다.

그때 핀은 정말 활짝 웃었는데, 입안에 있는 금니가 보일 정도였다. 남동생 둘의 싸움을 말리다 깨진 이였다.

핀과의 추억을 떠올리니 기분이 묘했다. 물론 대니는 나약하지 않으니까 절대 울지 않았다.

대니는 어릴 때부터 울음을 참는 요령 하나를 익혀 뒀다. 아파트에 혼자 남은 밤이면 대니는 엄마가 자신을 오래 혼자 둬서 느끼는 외로움, 아빠가 왜 떠났는지에 대한 궁금증 등 모든 감정들을 꼭꼭 묶어 눌러 두었다. 오랫동안 눌러 둔 감정들은 얼음처럼 차갑고 딱딱하게 굳어서 대니의 마음 깊은 곳에 숨어 버렸다.

그런데 요즘 들어 그 차갑고 딱딱한 것이 점점 커져 대니의 마음을 어지럽혔다. 하지만 대니는 울면서 누워 있는 것보다 낫다고 생각했다.

대니는 시간이나 낭비하고 있는 자신을 탓하며 앉은 자리에서 벌떡 일어났다. 짐을 싸야 했다. 엄마에게 쪽지를 남기고 핀이 있는 뉴욕으로 돌아갈 것이다. 이제 대니는 긴 여행을 준비해야 했다.

바로 그때, 뒤뜰에서 요란한 소리가 들렸다.

무언가 부딪히는 소리, 삐걱거리는 소리, 귀를 찢는 날카로운 비명이 이어졌다.

대단한 아이

대니는 뒷문을 세게 열어젖혔다.

엄마가 선물받은 화분이 바닥에 떨어져 산산조각 나 있었다.

누군가 위험한 상황인가? 아니면 도둑이 집으로 들어오려 했나?

대니는 빗자루를 들었다. 여차하면 내리칠 생각이었다.

뒤뜰은 작았다. 얽히고설켜 있는 덤불과 야자나무에 둘러싸인 잔디밭이 전부였다. 사람 하나 보이지 않았다. 바로 그때, 덤불 뒤로 시커먼 머리 하나가 불쑥 솟았다.

대니는 빗자루를 내려놓고 다가갔다. 세 살쯤 되어 보이는 어린애였다.

대체 여기서 혼자 뭐하고 있는 걸까?

"아아아아아!"

아이가 소리쳤다. 어디 다친 건가?

"얘!"

대니가 아이를 불렀다.

아이가 두리번거렸다. 그러고는 작은 동물을 품에 꼭 안은 채로 활짝 웃었다.

"강아지!"

아이가 말했다. 대니는 아이 품속의 동물을 자세히 살펴봤다. 아주 작고, 몸이 온통 까만데 한쪽 귀만 하얬다.

아이의 마음을 상하게 하고 싶지 않았지만, 확실히 강아지는 아니었다. 오히려 쥐에 가까워 보였다.

"내 강아지야!"

아이가 흉하게 생긴 동물을 꼭 안으며 말했다. 어찌나 세게 안았는지 그 동물이 풍선처럼 터져 버릴 것 같았다. 대니는 주변을 둘러봤다. 혼자 돌아다니기에는 아이가 너무 어

렸다.

"너 누구니?"

대니가 허리를 굽혀 아이의 눈을 바라보며 물었다.

"아키! 형은 누구야?"

"난 대니야."

"대니 형, 내 강아지 보여?"

아키가 쭈글쭈글하고 지저분한 동물을 내밀었다. 예쁘다며 뽀뽀라도 해 줬으면 하는 눈치였다.

그때 아이의 눈이 커다래지더니 대니의 어깨 너머로 손가락을 뻗었다.

"괴물!"

대니는 뒤를 휙 돌아봤다. 무언가 다가오고 있었다.

대니가 아는 동물 중 가장 흉측한 모습이었다. 털은 검고, 커다란 강아지만 했다. 짧고 뻣뻣한 털에 돼지코, 얼굴에는 커다란 엄니 두 개가 칼처럼 뾰족하게 솟아 있었다.

정말 괴물 같았다.

괴물은 시커먼 눈으로 아키를 뚫어져라 쏘아보며 꿀꿀거

렸다.

마치 '죽을 준비나 해!'라고 말하는 것 같았다.

"그 강아지 내려놔!"

순간, 대니는 모든 상황을 이해하고 아이에게 간절히 말했다. 어미 괴물이 아키가 새끼를 데려간 것을 알아챘다.

"내 강아지야!"

아키가 소리쳤다.

대니는 아키의 끈적끈적한 손에서 괴물의 새끼를 빼앗았다. 그리고 살며시 땅에 내려놓았다. 어미가 재빠르게 달려와 새끼를 코로 툭툭 쳐 보더니 거칠게 꿀꿀거렸다.

"됐어. 이제 가자."

대니는 고개를 숙여 아키를 바라보고 나지막이 속삭였다.

아키는 대니의 말을 듣는 둥 마는 둥 더 크게 소리쳤다. 바로 옆에 있던 대니의 귀가 먹먹했다.

"내 강아지야!"

아키가 울부짖었다. 강아지를 다시 찾아야 한다며 발버둥까지 쳤다.

어미 괴물은 으르렁거렸다. 아키 역시 지지 않고 소리쳤다.

진짜 대단한 아이네!

대니는 아키를 꽉 잡았지만 아키는 계속 대니의 손을 빠져나갔다.

바로 그 순간, 괴물이 뾰족한 엄니를 앞세운 채 아키의 배를 향해 달려들었다.

아키의 초대

대니는 아키의 허리춤을 움켜쥐고 번쩍 들어 올렸다.

그때 괴물의 엄니 하나가 대니의 바지를 뚫고 지나갔다. 다행히 살점은 비껴갔다.

대니가 뒤로 물러서며 피하는 바람에 엄니에 걸린 바지가 찢어졌다. 대니는 넘어질 뻔했으나 가까스로 균형을 잡은 다음, 아키를 다시 꽉 잡았다. 아키는 여전히 강아지를 내놓으라며 소리치고 있었다.

아키를 들어 올린 채로 대니는 뜰을 가로질러 집으로 들어갔다. 그러고는 문을 쾅 닫았다.

"내 강아지! 내 강아지!"

"안 돼."

대니가 아키를 내려놓고 문을 막아서며 말했다.

"그 강아지는 네 것이 아니야. 걔는 저 괴물의 새끼라고."

"아키 강아지 아니고?"

아키가 눈을 크게 뜨고 물었다. 눈에 눈물이 맺혀 있었다.

"미안, 꼬맹이. 하지만 그 강아지는 엄마랑 있어야 해."

"아키는 강아지 갖고 싶어."

아키가 대니의 다리에 두 팔로 매달려 얼굴을 파묻으며 말했다.

아키를 보고 있자니 예전 기억이 하나 떠올랐다. 대니는 늘 남동생이 있었으면 했다. 대니와 핀을 졸졸 쫓아다니거나 엄마가 일하러 갔을 때 함께 있을 동생이 있다면 덜 외로울 것 같았다.

"엄마는 어디 계시니?"

"엄마 아키한테 화났어."

아니나 다를까 그때 누군가 아키의 이름을 불렀다.

대니는 창밖으로 얼굴을 내밀고 말했다.

"제가 데리고 있어요!"

대니와 아키는 현관 앞에서 아키의 엄마를 마주했다.

아키와 아키네 엄마는 일본인인 것 같았다. 하와이에는 세계 곳곳에서 모여든 사람들이 함께 살았다. 뉴욕처럼 말이다. 특히 펄시티에는 일본에서 온 사람이 많다고 엄마가 귀띔해 준 적이 있었다.

"아키! 혼자 밖에 돌아다니면 안 된다고 했지!"

아키네 엄마는 아키를 나무랐다.

"죄송해요, 엄마."

초콜릿 도넛보다 더 달콤한 목소리로 아키가 말했다. 아키는 엄마의 다리를 끌어안고, 천사 같은 미소를 지으며 엄마를 올려다봤다.

아키네 엄마의 눈빛이 스르르 풀렸다.

녀석 제법인걸.

아키네 엄마가 대니를 바라보며 미소 지었다. 밀스 선생님과 닮은 데는 하나도 없었지만, 그 미소는 어딘가 선생님을 떠오르게 했다. 대니의 마음을 읽고 존중하던 선생님의 눈빛이 생각났다.

"고마워. 우리 아들이 워낙 잘 돌아다녀서 내가 잠깐 한눈파는 순간 사라져 버린다니까."

"우리 괴물 봤어!"

아키가 말했다.

"괴물?"

아키네 엄마가 놀란 듯 눈썹을 치켜올리며 물었다.

"털북숭이 돼지 같았어요. 엄니도 있었고요."

대니가 설명했다.

"멧돼지 말이니?"

"괴물이 대니 형 아프게 했어."

아키가 대니의 찢어진 바지를 가리키며 말했다.

"이런! 정말 다쳤니?"

아키네 엄마가 놀라며 물었다.

"바지만 찢어진 거예요."

하마터면 대니 대신 아키가 괴물의 엄니에 찔릴 뻔했다는 말은 하지 않았다.

"멧돼지가 웬만해서는 사람을 공격하지 않는데."

아키네 엄마가 말했다.

"아키가 그놈의 새끼를 안고 있었거든요."

"강아지. 내 강아지!"

아키네 엄마는 고개를 끄덕였다.

"아키 눈에는 세상 모든 것이 다 예뻐 보이나 봐. 심지어 멧돼지도. 하지만 아키, 그러면 위험해."

"착한 아이예요."

대니가 말했다. 새로 사귄 친구를 보호해 주고 싶었다.

"나는 착한 아이!"

아키는 자랑스럽다는 듯 가슴을 활짝 폈다.

대니와 아키네 엄마는 눈을 잠깐 마주쳤다가 웃음을 터뜨렸다.

웃음소리에 대니는 흠칫 놀랐다. 대니는 핀이 건물 아래로 떨어진 날 밤부터 한 번도 웃지 않았다.

아키는 엄마와 대니를 번갈아 봤다. 뭐가 재밌는지 영 모르겠다는 표정이었다.

그러고는 대니의 손을 잡고 끌어당겼다.

"대니 형, 이리 와! 대니 형, 우리 집에 가자!"

대니는 어렵게 입을 열었다.

"초대는 고맙지만 안 될 것 같아."

하지만 아키는 포기하지 않았다.

"대니 형, 이리 와!"

끊임없이 대니의 손을 잡아당기며 말했다. 당장이라도 대니를 언덕에 끌고 올라갈 기세였다. 꼬맹이가 그 순간만큼은 힘이 넘쳤다.

"와 주면 좋겠구나. 마침 점심을 준비하던 참이거든. 게다가 우리 아들이 절대 포기하지 않을 것 같구나."

수도 아주머니

대니는 자신도 모르게 아키네 집으로 이끌려 갔다. 아키네 집은 집이라 부르기도 어려울 정도였다. 대니네 집도 꽤 작은 편이었는데, 그보다 훨씬 작았다. 시멘트로 벽을 올린 데다 양철 지붕을 대충 얹은 모양이었다. 담장을 따라 핀 흰색 꽃과 앞뜰에 있는 단정한 채소밭은 멋졌다. 아키네 집까지 걸어오는 동안, 아키네 엄마는 자신의 성을 '수도'라고 소개했다. 아키네 아빠는 어부였다. 3일 동안 바다에 나갔다가 내일 오후에 돌아올 거라고 했다.

수도 아주머니는 집 앞에 놓인 작은 나무 식탁으로 대니를 안내하고 서둘러 점심을 준비하러 갔다. 대니는 자리에 그대로 앉아 수도 아주머니의 점심상을 기다렸다.

 음식의 첫인상은 조금 묘했다. 공깃밥 위에 짭조름한 양념으로 조리한 생선이 올라 있었다. 맛은 나쁘지 않았다. 특히 후식으로 나온 오렌지빛 과일이 꽤 맛있었다. 막대 사탕만큼 달콤했다.

 식사를 마치자 아키가 몸을 웅크려 대니의 무릎 위로 올라왔다. 아키의 몸이 대니의 무릎을 동그랗게 감쌌다. 대니는 그대로 잠이 올 것만 같았다. 아침부터 겪었던 흥미진진한 일 때문인지 갑자기 피곤이 몰려왔.

 그때, 머리 위로 공격기 무리가 날았다. 진주만 하늘에는 늘 공격기가 이리저리 날아다녔다. 엄마가 일하는 히캄 공군 기지 말고도 항구 전체에 육군과 해군의 공군 기지가 있었다.

 아키가 벌떡 일어났다.

 "B-18!"

 잠시 후 공격기 세 대가 더 나타났다.

 "A-20!"

 아키가 또다시 소리쳤다. 마지막에는 이렇게 외쳤다.

"대니 형! B-17이야! 하늘의 요새! B-17, 아키가 제일 좋아해!"

"아키는 공격기 박사님이야."

수도 아주머니가 대니 앞에 오렌지 비슷한 과일을 한 접시 더 내놓으며 말했다.

"아키, 대니 형에게 네 그림책을 보여 주는 건 어때?"

아키가 대니의 무릎에서 폴짝 뛰어내리더니 집 안으로 쏜살같이 달려갔다. 잠시 후 나타난 아키의 손에는 낡아 빠진 스케치북이 있었다. 아키가 대니에게 스케치북을 건넸다. 스케치북의 첫 장을 넘기자 아키는 자랑스러운 듯 활짝 웃었다. 대니는 한 장, 한 장 찬찬히 살펴봤다. 완벽한 공격기와 군함 그림이 스케치북에 빼곡히 그려져 있었다.

"네가 그린 거야?"

대니가 놀란 듯 물었다.

"우리 아빠가!"

아키가 말했다.

"남편이 그린 거야. 아키네 아빠가 쉬는 날에는 아키랑 부

두에 가거든. 몇 시간이고 앉아 있다 온다니까."

"정말 잘 그리시네요."

대니가 말했다.

"남편은 사실 화가거든. 어부 일은 돈 벌려고 하는 거야."

대니는 수도 아주머니의 목소리에 자랑이 묻어나는 걸 느꼈다.

"저도 그림을 잘 그리면 좋겠어요."

대니가 말했다. 사실 대니도 그림을 조금 그려 보긴 했다. 정말 잠깐이었지만. 밀스 선생님이 스케치북을 주면서 연습해 보라고 했다. 하지만 그다지 진전은 없었다.

"그림을 배우고 싶으면 언제든 말해. 남편이 흔쾌히 도와줄 거야."

수도 아주머니가 말했다.

"아빠가 군에 계시니?"

"아니요, 저랑 엄마만 있어요. 엄마가 히캄 공군 기지에서 간호사로 일하시거든요. 몇 주 전에 뉴욕에서 이리로 이사 왔어요."

"엄마가 정말 용감한 분이시구나. 새로 시작하려고 여기까지 먼 길을 온 거잖아."

대니는 그런 식으로 생각해 본 적이 없었다. 핀이 비상계단에서 추락한 후, 엄마는 겁에 질린 듯 보였을 뿐이다. 하지만 대니가 생각하기에도 그건 용감한 행동이었다. 엄마가 태어나고 평생 자란 도시를 떠나, 지구 반 바퀴를 돌아 여기까지 오다니.

"엄마가 너 같은 아들이 있어 좋으시겠다."

수도 아주머니가 말했다.

'너 같은 아들.' 그 말이 귓가에 맴돌았다. 대니는 뺨을 맞은 듯 정신이 번쩍 들었다.

갑자기 눈에 눈물이 고였지만, 이유를 알 수 없었다.

왠지 아키와 수도 아주머니랑 있으면서 대니 마음속의 얼음이 녹아 버린 것 같았다.

이 자리를 벗어나야 했다.

대니가 황급히 자리에서 일어났다. 그 바람에 아키의 스케치북이 바닥에 떨어졌다.

"점심 잘 먹었습니다. 집에 가야겠어요."

스케치북을 주워 아키에게 건네며, 대니가 말했다.

"대니 형! 같이 있자!"

아키가 큰 소리로 말했다.

"오후까지 놀다 가렴. 엄마가 일 끝내고 오실 때까지 있어도 돼."

수도 아주머니가 말했다.

"죄송해요. 죄송하지만…… 저 가야겠어요."

아키에게 인사도 제대로 못 한 채, 대니는 언덕을 달려 내려와 집으로 갔다.

대니의 계획

1941년 12월 7일 오전 8시 5분

대니는 침대에 누워 있었다. 창밖으로 새들이 지저귀는 소리가 들렸다.

카멜라호는 두 시간 안에 출발할 것이다. 대니는 준비를 모두 끝냈다. 작은 가방을 싸고, 엄마에게 쪽지도 남겨 뒀다. 머릿속에 모든 계획이 준비돼 있었다.

카멜라호에 몰래 타는 일은 어렵지 않을 것이다. 얼 패거리 중 하나가 대니보다 어릴 때 똑같은 짓을 한 적이 있다고 말했다. 그는 헤어진 여자 친구를 찾아내려고 쿠바로 가는 배에 몰래 올라탔다고 했다.

"똑똑하게 굴어야 해. 깔끔하고 좋은 옷을 입은 다음, 다른 승객을 만나러 온 척하는 거야. 그러고는 배가 출발한다는 벨이 울리면 숨기 좋은 장소, 그러니까 수납장이나 구명보트 같은 데를 찾아야 해. 누구도 못 찾을 곳에 숨어야 해. 배가 바다로 멀리 나아갈 때까지, 어디든 하룻밤만 눈에 안 띄게 숨으면 돼."

그러고 나면 잡힌다 해도 선원들이 할 수 있는 일은 별로 없다. 선원들이 대니를 바다 밖으로 던져 버리지는 않을 것이다. 대니는 눈물 나게 슬픈 이야기를 이미 만들어 뒀다. 자신이 고아이며, 사촌인 핀과 함께 지내고 싶어 뉴욕으로 돌아가려는 거라고 말이다. 얼 개스키의 이름을 한 번쯤 꺼낼 수도 있다.

뉴욕 사람이 아니더라도 얼을 모르는 사람은 없을 것이다. 대니는 얼이 형사 몇몇과도 친분이 있다고 들었다. 얼은 어떤 일이든 되게 만드는 사람이다. 태평양을 건너는 배에 아이를 공짜로 태울 수 있을 정도로 말이다.

배가 샌프란시스코만에 닿으면 일이 한층 어려워진다. 대니는 경찰이 들이닥치기 전에 배를 빠져나올 것이다. 바로 화물 열차 역으로 가야 한다. 열차의 화물칸에 올라타는 것은 쉽지 않다. 대니는 열차에 무임승차한 사람들을 샅샅이 잡아내는 철도 경비대 소문을 들은 적 있다. 그들은 무임승차한 사람들을 흠씬 두들겨 팬 후, 경찰서 앞에 던져 버린다고 했다.

하지만 대니는 어떤 것도 겁나지 않았다.

그럼 왜 아직도 침대에 누워 있는 걸까?

대니는 엄마가 7시에 출근한 후, 바로 호놀룰루 항구로 떠났어야 했다.

하지만 대니는 떠날 수 없었다. 밤새 수도 아주머니의 목소리가 귓가에 맴돌았기 때문이다.

'엄마가 너 같은 아들이 있어 좋으시겠다.'

대니 같은 아들. 대니가 어떤 아들일까?

자신의 가장 친한 친구를 외면하지 않으려는 아들.

하지만 그건 대니가 엄마를 떠난다는 뜻일 텐데?

일주일 내내 대니는 핀을 위한 행동이 뭘까 고민했지만, 지금은 엄마가 계속 생각났다. 대니가 떠난 걸 알게 되면 엄마가 어떻게 할까? 엄마가 얼마나 힘들어 할지 대니는 상상조차 할 수 없었다.

대니는 밤새 침대에서 뒤척이며 두 마음 사이에 갈피를 잡지 못했다.

자리에 누운 채로 생각이 이리저리 기우는데, 어디선가 익숙한 목소리가 들렸다.

"대니 형! 대니 형, 나와 봐!"

아키가 밖에 있었다. 이로써 대니의 계획은 완전히 엉망이 됐다!

대니는 침대에서 몸을 일으켰다. 서둘러 옷을 걸치고 문밖으로 나갔다. 아키가 거기에 혼자 서 있었다.

"아키, 여기서 뭐해?"

아키는 늘 보이던 해맑은 미소를 짓지 않았다. 표정이 이상할 정도로 심각했다.

아키가 하늘을 가리키며, 겁에 질린 듯한 목소리로 말했다.

"공격기."

몰려오는 공격기

"이리 와, 집에 데려다줄게. 엄마가 걱정하시겠다."

대니가 아키를 안아 올리며 말했다.

"공격기라니까."

아키가 하늘을 보며 말했다.

"아키, 집에 가야지. 이리 와, 너 정말……."

아키가 대니의 입에 손을 가져다 댔다. 조용히 하라는 의미였다.

"쉿! 공격기."

대니는 아키의 끈적끈적한 손을 얼굴에서 떼어 내려 했다.

바로 그때, 한 번도 들어 본 적 없는 소리가 멀리서 들렸다.

윙윙대는, 마치 거대한 벌 떼가 다가오는 소리 같았다.

대니는 아키가 손가락으로 가리키는 곳을 올려다봤다. 대니의 눈에 저 멀리 뭔가가 보였다. 어마어마한 회색 새 떼가 진주만을 향해 날아오고 있었다.

회색 점들이 점점 커지면서 대니는 아키 말이 옳았다는 걸 알 수 있었다. 공격기들이었다. 이제껏 대니가 본 그 어떤 것보다 많았다. 그리고 또 다른 방향에서 더 많은 공격기들이 날아오는 게 보였다.

분명 훈련일 것이다. 해군과 육군은 늘 훈련을 했다. 지난주에도 히캄 공군 기지에서 해군 50명이 부상을 입은 상황을 가정한 훈련이 있었다. 그날 엄마는 가짜 피를 뒤집어쓴 채로 완전히 지쳐서 집에 왔다.

이 공격기들이 어떤 훈련을 하는지 모르겠지만, 대니가 카멜라호를 타려면 계속 공격기만 보고 있을 수 없었다. 이미 침대에 누워 잡생각이나 하면서 시간을 많이 보냈다.

"이리 와."

대니는 아키의 손을 잡으며 말했다. 조금 서두르면 아키를 집에 데려다주고 바로 호놀룰루 항구로 가는 차를 얻어 탈 수 있을 것이다. 아직 제시간에 항구에 도착할 수 있다.

둘이 언덕 꼭대기에 다다랐을 때, '쾅' 하고 어마어마한 폭발음이 땅을 뒤흔들었다.

뒤이어 또 한 번.

대니는 순간 멈칫했다.

"불이야!"

아키가 소리쳤다. 군함에서 불길이 피어올랐다.

무슨 훈련이 이렇지? 조종사가 운전을 잘못했거나 실수로 폭탄을 떨어뜨린 건가?

대니는 움직임을 멈췄다. 아키가 대니의 목을 꽉 끌어안았다. 작은 심장이 뛰는 게 느껴졌다. 아주 작은 발이 다다다 달리는 듯했다.

둘은 함께 항구를 바라봤다.

공격기들이 큰 군함의 꼭대기를 훑고 지나갈 정도로 낮게 날았다.

우르르 쾅!

또 다른 폭발음이 울렸다.

공습경보가 울리기 시작했다.

왜애애애앵…… 왜애애애앵!

하늘 가득 거뭇한 연기가 피어올랐다.

"내 군함들."

아키가 중얼거렸다. 대니 안에서 음산하고 어지러운 느낌과 함께, 두려움이 일었다. 핀과 함께 있던 날 밤에 비상계단이 무너지면서 나는 쳇소리를 들었을 때와 비슷했다. 대니는 뭔가 무시무시한 일이, 심지어 대니가 뉴욕에서 겪은 악몽보다 더한 일이 벌어지고 있다는 것을 알아챘다.

대니가 아키를 꽉 붙들었다.

"아키, 저 공격기들 B-17이니?"

아키가 고개를 절레절레 흔들었다.

"그럼 B-18?"

아키는 다시 고개를 저었다.

"A-20이야?"

"아키 공격기 아니야."

순간 단어 하나가 대니의 머릿속에 스쳤다.

히틀러였다! 독일이 공격하고 있다! 밀스 선생님이 일어날 거라던 일이 지금 일어나고 있다!

폭발음이 여기저기 울려 퍼졌다. 끔찍한 악취가 하늘에 가득했다.

그때 목소리가 들렸다.

"아키!"

수도 아주머니가 언덕에서 내려오고 있었다.

"휴, 다행이다!"

수도 아주머니는 아키를 꼭 안고 눈물을 흘렸다.

"독일군이 우리를 공격하고 있어요."

대니가 말했다. 수도 아주머니가 대니를 봤다.

아주머니의 눈에는 눈물이 그렁그렁했다.

"대니, 아니야. 독일군이 아니야."

"그럼 대체 누구죠?"

대니가 말했다. 진주만에 폭탄을 떨어뜨리는, 이런 미친 짓을 대체 누가 할 수 있지?

"일본 공격기야."

수도 아주머니가 말했다.

일본? 미국이 일본한테 뭘 어쨌기에? 왜 군함을 전부 파괴하려는 거지?

답을 찾기도 전에 더 많은 폭발음이 들리고, 검붉은 연기는 더욱 짙게 피어올랐다.

아키가 울기 시작했다.

"이리 와라, 이런…… 상황에서 갈 만한 곳을 내가 알아."

수도 아주머니가 대니의 손을 잡으며 말했다.

대니는 아주머니가 굳이 '공격기가 대니네 집과 아키네 집을 폭격하려는 상황'이라고 말하지 않은 걸 알았다.

셋은 서둘러 아키네 집 뒤뜰로 갔다. 대니는 수도 아주머니가 지하 저장고의 문 여는 것을 도왔다. 문을 열자 구멍이 하나 있었다. 언뜻 흙 구멍처럼 보였다. 수도 아주머니가 좁은 나무 계단을 먼저 내려갔고, 대니는 아키를 아주머니에게 보냈다.

"어서 들어와, 대니."

수도 아주머니가 말했다.

하지만 대니는 여전히 멀리 연기와 불길을 바라보고 있었다.

저 불길 어딘가에 히캄 공군 기지가 있다. 그 기지 어딘가에 엄마가 있다.

"엄마를 찾아야겠어요."

대니가 말했다.

"안 돼! 엄마도 네가 여기 있길 원하실 거야! 제발 여기 있어! 네가 안전하길 누구보다 바라실 거라고!"

대니도 아주머니 말이 맞다는 걸 알았다.

하지만 대니는 언덕 아래로, 불길 속으로, 엄마에게로 달리기 시작했다.

미국이 공격당했다!

대니는 집 앞을 빠르게 달리느라 이웃집 사람들을 알아채지 못했다.

차들도 빠르게 지나갔다. 사람들은 길을 따라 달리며 소리쳤다. 트럭 한 대가 부릉거리며 지나갔다. 조수석 창문으로 남자 하나가 몸을 길게 뺀 채, 확성기로 소리치고 있었다.

"모든 군인에게 알린다! 부대로 복귀하라! 우리는 공격당했다! 공격당했다! 훈련 상황이 아니다! 일본이 미국을 공격했다!"

군인들이 서둘러 현관을 나섰다. 군복 셔츠의 단추를 채우며 달려 나와, 아내와 아이에게 작별 인사를 남겼다.

"애들을 수수밭 근처로 데려가! 몸을 숨겨! 상황이 끝나면 찾으러 올게!"

군인 하나가 소리쳤다. 문 앞에 서서 눈물을 흘리는 아내들도 있었다.

대니는 길을 건넌 다음 해변까지 내달렸다. 항구를 가로질러 벽처럼 피어오른 연기를 지나자 공격기들이 쉴 새 없이 군함을 공격하고 있었다. 낮게 날며 끊임없이 총을 쏘아 대고, 다음 공격을 위해 다시 한 바퀴 돌았다.

커다란 소음이 대니의 귀를 때렸다.

쾅, 쾅, 쾅, 콰앙!

따, 타, 타, 타.

끼이이익 퓨!

엄마는 어디에 있지?

병원은 안전한 걸까? 저 일본인들이 병원도 날려 버리려는 걸까?

어디서 엄마를 찾을 수 있지?

대니의 눈에서 눈물이 흘렀다.

그때 갑자기 연기를 뚫고 뭔가 나타났다. 공격기 한 대가 무리에서 빠져나와 비행하기 시작했다.

대니는 그 공격기가 주변을 한 바퀴 돌다가 항구로 돌아갈 거라고 생각했다.

하지만 공격기는 해변으로 다가오고 있었다.

심지어 대니를 향해.

대니는 공포로 얼어붙어 그 자리에서 꼼짝할 수 없었다. 공격기가 점점 가까워져 조종사의 얼굴까지 보였다. 조종사는 아주 어려 보였다. 머리에 낡아 빠진 흰색 천을 두르고, 고글을 쓰고 있었다. 공격기 양 옆면에는 커다랗고 붉은 원이 그려져 있었다.

대니는 밀스 선생님의 수업이 기억났다. 밀스 선생님은 세계 곳곳의 국기를 그린 카드를 나란히 놓았다. 일본의 국기는 하얀 바탕 중앙에 붉은 원이 그려져 있었다.

붉은 원은 떠오르는 태양을 뜻한다고, 밀스 선생님이 말했다.

하지만 지금 대니에게 그 원은 불덩어리로 보였다.

소름 끼치도록 시끄러운 소리가 들렸다.

따타타타.

따타타타타.

대니 주위로 모래가 튀어 올랐다. 기관총이 발사됐다! 왜 저 조종사는 대니를 쏘는 걸까?

대니는 해변을 가로질러 달렸다. 하지만 어디에도 숨을 곳은 없었다.

대니가 뛰면 뛸수록 공격기의 굉음이 더욱 커졌다.

따타타타.

따타타타타.

그때, 바로 뒤에서 밟고 선 땅이 거꾸로 뒤집힐 정도로 엄청난 폭발이 일었다.

대니의 몸이 모래 위에 내동댕이쳐졌다.

그리고 대니의 귀에는 아무것도 들리지 않았다.

히캄 공군 기지

오전 8시 45분

대니는 죽지 않았다.

대신 머리가 쪼개질 듯 아팠다. 손과 무릎이 욱신거렸다. 마음이 어지러웠다.

입안에 모래가 가득했고 피범벅이었다. 아무래도 혀를 깨문 것 같았다. 귀가 웅웅 울렸다.

하지만 다행히 상한 데는 없었다.

공격기가 지나가고 얼마의 시간이 흘렀는지 대니는 알 길이 없었다.

공격기는 사라졌다. 공격이 전부 끝난 듯 보였다.

조금 진정되자 대니는 겨우 일어나 앉았다. 멀리 항구에 군함 한 대가 불길에 휩싸여 있었다. 군함이 완전히 산산조각 나면서 어마어마한 폭발이 생긴 것 같았다.

대니가 쓰러진 것도 그 때문이었다.

대니는 발을 딛고 비틀거리며 해변을 건너 큰길 쪽으로 걸었다.

해변에 차 한 대가 주차되어 있었다. 차 끝의 일부는 가시덤불에 가려 있었다. 차는 온통 총알구멍이 나 있었다. 뒤쪽 창문은 산산조각 나 있었다. 차 안에 아무도 없는 듯했다. 운전자는 도망갔을 것이다. 대니는 이 차를 빌려도 될지 고민했다. 얼은 대니와 핀에게 운전하는 법만 가르쳐 준 게 아니었다. 열쇠 없이 자동차 엔진을 켜는 법도 몰래 알려 줬다.

대니가 차에 가까이 다가갔다. 운전석의 깨진 유리창 너머로 한 남자가 보였다.

"저기요, 괜찮으세요?"

대니는 두 눈을 의심했다. 엄마의 친구 맥이었다.

"대니! 너니? 넌 괜찮아? 뭐에 맞았니?"

맥이 말했다.

"전 괜찮아요."

"엄마는 어디 계시니?"

"병원에요."

대니가 떨리는 목소리로 이어 말했다.

"공군 기지에 계시는데, 아무래도 공격당한 것 같아요. 얼른 가야 해요."

맥은 엄마에게 잘 보이려 애쓰던 호화로운 서턴플레이스 사람이 더는 아니었다. 맥의 표정은 거칠고 단호했다.

"가자. 나도 그쪽으로 가던 중이었어. 같이 가서 엄마를 찾아보자."

차에 타니 문에 온통 피가 튀어 있었다. 맥의 팔에서 심각할 정도로 피가 흐르고 있었다.

"다치셨어요."

맥이 자신의 팔을 흘끔 보았다.

"총알이 스쳤구나. 이보다 더 심하게 다친 적도 있어. 괜찮아."

차를 길 위로 끌어 올린 뒤, 둘은 출발했다.

"정말 갑자기 쳐들어왔군. 일본 놈들이 급습한 거야."

"왜요?"

"우리 군함과 공격기를 못 쓰게 하려고. 함대 전체를 망가뜨리려는 거야. 그러면 태평양에서 일본이 원하는 것…… 그러니까 중국, 필리핀, 한국을 빼앗을 힘이 생기거든. 일본은 작은 나라야. 하지만 강해지고 싶어 하지. 그래서 땅이 필요한 거고. 일본은 다른 나라를 빼앗고 있어. 히틀러가 유럽에서 했던 짓과 똑같이. 이제 정말 일본을 멈출 수 없게 됐구나."

"일본이 이렇게 나올 거라고 아무도 몰랐어요? 눈치챘어야 하는 것 아니에요?"

"몇몇이 예측하긴 했어. 하지만 정말 이럴 거라고는 생각하지 못했지."

맥이 대니를 바라봤다.

"그런데 말이지. 일본은 실수를 저질렀어. 아주 큰 실수. 일본이 지금 무슨 일을 시작한지 모르는 모양인데, 우리가 금방 일어나 일본을 짓밟는 모습을 보게 될 거다."

"히틀러는요?"

"히틀러도 마찬가지야."

맥이 대답했다. 맥은 확신에 차 있었다. 대니는 맥의 말을 진심으로 믿고 싶었다. 대니의 머릿속에 칠판을 따라 펼쳐져 있던 세계 지도가 떠올랐다. 아무리 미국이라도 어떻게 정반대에 있는 두 곳에서 동시에 전쟁을 치를 수 있지?

히캄 공군 기지가 보이기 시작했다. 멀리서도 연기와 불꽃이 피어오르는 게 보였다.

맥은 낮게 욕을 퍼부었다.

둘은 정문 앞에 차를 세웠다. 공격으로 완전히 부서진 차가 문을 가로막고 있었다. 검게 그을린 차에서 연기가 피어오르고 있었다.

"가자."

맥이 차문을 열며 말했다.

대니는 맥을 따라 불타는 차를 피해, 기지의 정문까지 걸어갔다.

눈앞에 펼쳐진 장면을 보니, 〈라이프〉 잡지에서 본 사진이 떠올랐다. 토네이도에 휩쓸린 어느 마을의 사진이었다. 지금 이곳에도 잔해가 어지럽게 널려 있었다. 휘어진 철 조각, 산산조각 난 유리, 타 버린 나무 같은 것이 그득했다. 대니는 누더기가 된 철모를 피해 걸었다. 이 철모를 쓴 사람에게 무슨 일이 생긴 걸까? 정말 걱정됐다.

건물도 일부 무너져 내렸다. 또 다른 건물 두 채는 여전히 불타고 있었다. 고무와 플라스틱 타는 냄새가 심해서 숨 쉬기 힘들었다. 시선이 닿는 곳마다 부서진 공격기뿐이었다. 어떤 건 완전히 두 동강 나 있었다.

무장한 경비병 두 명이 문 앞에 서 있었다. 맥을 보자 모두 경례했다. 그러고는 동시에 말하기 시작했다.

"대위님, 피해가 심각합니다."

"열두 명이 실종 상태입니다."

"백여 명이 부상당했습니다."

"막사와 식당 건물이 공격으로 무너졌고, 격납고 두 채도 파손됐습니다."

"공격기를 너무 많이 잃었습니다. 놈들이 활주로에 불을 질렀습니다."

맥은 쏟아지는 정보에 한참 귀 기울이다 결국 경비병들에게 말을 멈추라는 손동작을 했다.

"출동 가능한 공격기가 한 대라도 있나?"

맥이 물었다.

"없습니다."

"병원 건물은 괜찮은가?"

맥이 대니의 마음을 헤아린 듯 물었다.

"병원 건물은 공격받지 않았으며, 현재 부상당한 병사들이 치료받고 있습니다."

대니는 안심하며 눈을 감았다. 바로 그때 하늘을 울리는 소리가 들렸다.

또 다른 일본 공격기 무리가 하늘을 날고 있었다. 자욱한 연기를 뚫고 휘파람 같은 소리를 내며 대니 일행의 머리 위를 날았다.

폭탄이 비 오듯 쏟아지기 시작했다.

다시 시작된 공격

그 순간 활주로에도 폭탄이 터졌다. 남자 하나가 번쩍이는 화염과 시커먼 연기 속으로 사라졌다.

대니, 맥, 두 경비병의 몸이 땅에 세게 부딪혔다.

맥이 몸으로 대니의 머리와 어깨를 감쌌다. 맥은 폭발이 잠시 멈출 때까지 기다렸다가 재빨리 발을 움직였다. 대니의 손을 낚아채 꽉 잡았다.

"여기서 빠져나간다! 숨을 곳을 찾아!"

맥이 경비병들에게 소리쳤다.

"이리 와! 머리를 아래로 숙여!"

맥이 대니를 바라보며 소리쳤다. 그러고는 대니의 손을 꽉 잡고 달렸다.

하지만 지금 당장 어디로 갈 수 있을까?

주변으로 폭탄이 떨어지고 있었다.

꽝! 트럭 한 대가 폭파됐다.

꽝! 남자 셋이 바닥에 쓰러지고 말았다.

공격기는 낮게 날았다.

따타타타타.

총알이 빗발치며 자동차 한 대를 산산조각 냈다.

군인들은 덤불 뒤나 자동차 아래 몸을 숙이고 있었다. 몇몇은 하늘을 향해 작은 권총을 헛되이 쏘고 있었다. 군인 하나는 돌을 계속 던졌다. 대니는 조금 어이가 없었다. 그러면 공격기의 공격을 멈출 수 있다고 생각하는 걸까?

하지만 한편으로 그 마음이 이해됐다. 당장 할 수 있는 게 없었다.

맥은 커다란 격납고 한 채가 남아 있는 것을 보고, 그 뒤로 대니를 잡아끌었다. 벽에 난 어마어마한 크기의 구멍 안으로 산산조각이 난 채 불타는 미국 공격기가 보였다. 격납고 뒤편 잔디밭에는 포탄이 만들어 낸 거대한 구덩이들이 있었다. 맥은 대니를 구덩이 하나에 들여보낸 다음, 자신도 뒤따라 훌쩍 뛰어내렸다.

"고개를 숙여!"

맥이 말했다. 대니는 흙벽 바로 옆에 몸을 웅크렸다. 맥은 대니 옆에 쭈그리고 앉았다. 몸으로는 대니를 막고 있었다.

사람들이 여기저기서 소리쳤다.

"누가 맞았어!"

"조심해!"

"도와주세요!"

"놈들이 다시 떼 지어 온다!"

대니는 구덩이 옆면에 머리를 꾹 기댔다. 맥이 대니를 꼭 잡았다.

"금방 끝날 거다!"

맥이 말했다. 공격기들은 계속해서 이쪽으로 오고 있었다. 대니는 주위를 살폈다. 저 공격기들의 모습은 나중에라도 절대 잊지 못할 것이다. 작은 회색 형태가 꼭 사람도 죽일 수 있는 새 같았다.

휘파람 같은 소리가 하늘을 갈랐다.

우르르 쾅!

흙, 돌, 금속 조각들이 대니와 맥 위로 비 오듯 쏟아졌다. 뾰족한 것이 대니의 정강이를 찔렀다. 대니는 손을 더듬어 작은 금속 조각을 끄집어내 등 뒤로 던져 버렸다.

대니는 눈을 꼭 감았다. 공격이 얼른 멈추기를 기도했다.

갑자기 핀이 떠올랐다. 핀이 대니에게 용감해져야 한다고 속삭이는 것 같았다. 그 느낌은 아주 강렬하게 대니의 몸을 채웠다.

마침내 천둥 같은 소리가 멈췄다.

공격이 끝났다. 공격기의 포효는 곧 병사들의 신음으로 바뀌었다.

대니가 뒤돌아봤다. 맥이 기대어 있었다. 눈이 흐릿했다.

"등을 맞았다. 상태가 심각한 것 같아."

맥은 거칠게 숨 쉬며 말했다.

대니가 맥의 등을 살폈다. 갈기갈기 찢어진 상처를 보자

속이 울렁거렸다. 등에서 피가 어마어마하게 흘러내렸다. 이렇게 많은 피를 본 적이 없었다.

맥은 오래 버티지 못할 것이다.

금발의 군인이 구덩이 위로 모습을 드러냈다. 깨진 안경을 쓴 얼굴에는 깊이 베인 상처가 있었다.

"다들 괜찮습니까?"

군인이 물었다.

"맥 아저씨가 피를 너무 많이 흘려요!"

대니가 말했다.

군인은 큰 소리로 다른 이들의 도움을 청했다. 잠시 후, 그는 다른 남자 하나를 데려왔다. 금발의 군인과 다른 남자, 대니는 함께 맥을 일으켜 구덩이 밖으로 끌어낸 다음 잔디밭 위에 옆으로 눕혔다. 맥은 고통에 움찔했다. 군인이 거친 손으로 상처를 깊이 눌렀다. 피를 멈추려 했다.

"기다리십시오. 이렇게 하면 도움이 될 겁니다."

금발의 군인이 말했다.

하지만 대니가 보기에는 아무 소용없었다.

"구급차는 있나?"

맥이 물었다.

"전부 기지 밖으로 출동했습니다, 대위님."

맥은 암울한 표정을 지으며 고개를 끄덕였다. 입을 악물었고 얼굴은 매우 창백했다.

"저 차는 뭐예요?"

대니가 격납고 옆에 주차된 빨간색 차를 가리키며 물었다.

"대령님 차다."

군인이 대답했다. 대니가 벌떡 일어나 차가 있는 곳으로 달려갔다.

"기다려!"

군인이 소리쳤다. 하지만 대니는 무시하고 달렸다.

그 차는 공격을 피해 갔는지 긁힌 자국조차 없었다.

대니는 차의 보닛을 열고 엔진을 살폈다. 점화 장치로 보이는 선 두 개를 쉽게 찾았다. 전에 얼이 보여 준 적 있었다.

"언젠가 어딘가로 빨리 가야 할 수도 있지."

얼이 씩 웃으며 말했다. 늘 그렇듯이 얼이 옳았다.

대니는 두 선을 조심스레 연결했다. 엔진이 거친 소리를 냈고 곧 시동이 걸렸다.

대니는 차 문을 활짝 열고 급히 올라탔다. 차를 운전해 유리와 금속 조각이 흩어져 있는 구덩이 쪽으로 움직였다. 그리고 맥이 누워 있는 곳에 가깝게 차를 세웠다.

금발의 군인은 걱정스러운 표정이었다. 한편 맥의 얼굴에

는 미소가 번졌다.

"수고했다, 얘야. 어디서 이런 걸 배웠는지 묻지 않겠다. 그저 네가 그렇게 해 줘서 고맙다."

맥이 말했다. 대니와 군인은 맥을 차에 태웠다.

"가라! 여기 오른쪽 길로 800미터 정도 내려가면 병원이 보일 거다."

금발의 군인이 말했다.

"잠깐만. 도움이 필요한 다른 병사들이 있을 거다. 차에 가득 태울 때까지는 떠날 수 없어."

맥이 말했다.

5분 동안 부상을 입은 병사 두 명이 더 차에 올랐다. 한 명은 얼굴이 온통 피범벅이어서 얼굴조차 알아볼 수 없었다. 다른 한 명은 다리가 떨어져 나가기라도 할까 봐 꼭 붙잡고 있었다.

대니는 전속력으로 병원을 향해 달렸다. 길은 군데군데 깊게 패어 있었고, 불탄 잔해들이 안에 가득했다. 한번은 차에서 내려 엄청나게 큰 공격기 잔해를 길 밖으로 치워야 했다.

그래도 어쨌든 병원에 다다랐다.

병원 정문에 들어서자마자 대니는 경적을 크게 울려 도움을 청했다.

누구라도 나와서 봐 주길 기다리는 동안, 대니는 뒤돌아 맥을 바라봤다.

맥의 눈이 바르르 떨렸다. 대니는 어찌해야 할지 알 수 없었다. 그저 손을 뻗어 맥의 손을 붙잡았다.

"맥 아저씨."

"그래."

맥이 거친 숨을 내쉬며 대답했다. 대니는 한 가지 말밖에 떠오르지 않았다.

"다 나으면 저희 엄마랑 저녁 식사 한 번 하셔야죠. 언제가 좋으세요?"

대니는 맥의 얼굴에 번지는 미소를 봤다. 마침 병원 잡역부 둘이 들것을 들고 달려오고 있었다.

그리고 간호사 둘이 뒤따르고 있었다. 그중 한 명은 바로 엄마였다.

망가진 기지

 그 뒤로 꼬박 하루 동안, 멀리서 들려오는 사이렌 소리와 사람들의 신음이 뒤섞였다. 그렇지만 대니는 그런 데 관심을 기울일 여유조차 없을 정도로 바빴다.

 대니는 엄마와 서로 얼굴을 확인하던 순간을 잊을 수 없었다. 순간 모든 게 멈춘 것 같았다. 곧 엄마가 하마터면 갈비뼈가 부러질 정도로 대니를 꽉 안았다. 대니는 엄마를 더 꽉 안았다. 감상에 젖는 것도 잠깐, 엄마는 대니에게 병원 일을 도와 달라고 했다. 히캄 공군 기지의 병사 수백 명이 부상을 입었다. 그래도 그 병사들은 다행인 편이었다. 막사에서 잠을 자던 병사 수십 명은 폭탄이 떨어져 그 자리에서 사망했다.

식당에도 폭탄이 떨어져 불이 났고, 병사 수십 명이 그곳에서 빠져나오지 못했다. 또 다른 군인들은 격납고에서, 혹은 폭격기를 향해 기관총을 쏘다 폭탄에 희생됐다.

히캄 공군 기지 병원에는 의사 둘과 간호사 둘만 근무하고 있었다. 가능한 한 많은 도움이 필요한 상황이었다.

대니는 군인과 자원봉사자를 도와 침대를 만들거나 바닥에 떨어진 유리 조각을 쓸었다. 붕대를 말아 정리하고, 수술 후 회복하는 군인들을 위해 이불을 마련했다. 한편, 대니의 눈에는 군인들 사이를 바쁘게 오가며 붕대를 갈고 손을 잡아 주면서도 전혀 움츠러들지 않는 엄마가 보였다. 수도 아주머니 말이 맞았다. 엄마는 용감한 사람이었다. 대니는 가끔 맥이 잘 있는지 살폈다. 엄마 말로는 맥이 아주 강력한 진통제를 맞고 있다고 했다. 피를 많이 흘렸지만, 살아남을 거라고 말했다.

히캄 공군 기지는 여러 상황이 안 좋았다. 그래도 항구 밖에 비하면 좋은 편이었다. 밤새 이번 공격에 대한 소식이 조금씩 흘러나왔다. 군함 '애리조나호'는 완전히 파괴됐으며 승

선했던 군인 천여 명도 함께 희생됐다. '오클라호마호'는 완전히 뒤집혔는데 그 안에 아직도 군인 백여 명이 갇혀 있다고 했다. '캘리포니아호'는 가라앉았다. 구축함 '쇼호'와 '캐신호'는 폭파됐다. 다른 군함들도 심각한 손상을 입었다.

하루 동안 진주만은 불이 이글거리는 바다였다. 불타는 군함을 뒤로하고 탈출한다 해도 살아남을 확률은 적었다. 각각 다른 기지에서 공격기 수백 대가 파괴되거나 심하게 파손됐다. 오아후섬에 있는 병원은 전부 부상당한 병사들로 가득 찼다. 대니가 다니던 학교 건물까지 병원으로 쓴다고 했다.

모두들 또 다른 공격이 이어질 거라 여겼다. 일본이 하와이를 점령할 거라고 수군거렸다.

대니는 그렇게 생각하고 싶지 않았다. 하지만 이렇게 망가진 군함과 공격기로 미국이 일본과 싸운다면 일본이 이 섬을 얼마나 쉽게 차지하게 될지 뻔했다.

일본은 더는 공격하지 않았다. 그렇게 몇 시간이 흘렀다.

하지만 미국은 지금 전쟁 중이었다. 하늘에서 들리는 공격기 소리를 듣고 벌떡 일어나 뛰지 않아도 되는 날은 몇 달 혹은 몇 년 후에나 찾아올지 모르겠다.

다음 날 아침이 되어서야 엄마와 대니는 겨우 마주 앉았다. 엄마는 의자에 풀썩 주저앉았다. 그렇게 피곤해하는 엄마를 대니는 이제껏 본 적 없었다. 엄마의 하얀색 간호복 여기저기에 피가 튀어 있었다. 그래도 엄마는 대니의 이야기에 진지하게 귀 기울였다. 대니가 공격기를 처음 보았을 때 어쩌다 아키와 함께 있었는지 이야기했다.

엄마는 히캄 공군 기지에 첫 번째 폭탄이 떨어진 뒤, 그 몇 분 동안 얼마나 두렵고 무서웠는지 이야기했다.

"우리가 겪은 것들을 평생 기억하게 될 거야."

엄마가 한숨을 내쉬고 말을 이었다.

"생각해 보면, 내가 너를 안전한 곳에 두려고 뉴욕에서 이리 데려왔는데 말이야."

엄마는 고개를 저었다. 엄마가 애써 울음을 참는 걸 대니도 알았다.

"엄마, 저는 여기 있는 게 좋아요."

대니는 자신도 모르게 이런 말이 튀어나왔다. 엄마도 대니의 말에 좋아했다. 엄마가 살짝 미소 지었다.

그때, 의사 한 명이 얼굴을 내밀더니 엄마에게 수술실에 도움이 필요하니 함께 가자고 했다.

"곧 보자. 어디 가지 마라. 알겠니?"

엄마가 문으로 향하며 말했다.

엄마의 말이 농담이라는 걸 대니도 알았다. 이런 상황에 대니가 어디로 갈 수 있을까?

대니는 카멜라호를 타고 이곳을 떠나려 했던 계획이 새삼 부끄러워졌다.

정말 떠났다면 어땠을까?

오늘처럼 공격기 공격이 없었으면 대니는 그 배에 올라탔을까?

대니 스스로도 뭐라 말하기 힘들었다.

공격기들을 처음 발견한 지 24시간밖에 지나지 않았다. 대니는 그 사실을 믿을 수 없었다. 짧다면 짧은 시간이었지만, 그전과 지금은 모든 게 달라져 있었다. 이곳은 단순히 항구가 아니다. 이제 항구는 완전히 파괴됐다. 대니의 조국인 미국 또한 예전의 미국이 아니다. 이제 미국은 전쟁 중이다.

그리고 대니도 마찬가지다.

어제 아침에 엄마를 떠나려 했던 소년은 아무것도 몰랐지만, 이제 대니는 그때의 철없는 소년이 아니었다.

끝나지 않은

1941년 12월 9일 오전 9시

길고 길었던 이틀이 흐른 후, 엄마와 대니는 마침내 히캄 공군 기지를 떠날 수 있었다.

집에 오자마자 대니는 가장 먼저 옷을 갈아입었다. 그러고는 아키네 집으로 부리나케 달려갔다.

아키가 대니를 향해 달려 나왔다.

대니는 아키에게 선물을 하나 가져왔다. 공군 병사가 자신의 계급장을 떼어 대니에게 줬던 것이다.

대니는 금색 핀을 아키의 옷에 꽂아 줬다.

"엄마, 이것 봐!"

아키가 큰 소리로 말했다. 수도 아주머니가 빨랫줄에 빨래

를 널다 말고 걸어왔다.

    수도 아주머니는 대니를 보고 웃으며 꼭 안아 줬다. 눈이 빨갛게 충혈된 채 부어 있었다.

    두려움이 대니를 엄습했다.

    수도 아저씨의 기척은 들리지 않았다.

    수도 아주머니는 며칠 전 함께 점심을 먹었던 작은 식탁에 대니를 앉혔다. 그리고 장난감 기차를 가져오라며 아키를 방으로 들여보냈다.

수도 아주머니는 그사이 무슨 일이 일어났는지 대니에게 들려주었다. 공격이 있던 날 밤, 일을 마친 수도 아저씨가 집으로 돌아왔다. 바로 그다음 날, 경찰이 집으로 들이닥쳤다.

경찰은 하와이에 사는 일본인의 집을 모두 샅샅이 조사하는 중이었다.

수도 아주머니는 고개를 숙였다.

"경찰들은 스파이를 찾아낸다고 했어."

"스파이요?"

"여기 사는 일본인이 공격을 도왔다는 거야. 그러고는 우리 집을 수색해도 되겠냐고 물었어. 나는 의심도 없이 그러라고 했어. 숨길 게 없었거든."

수도 아주머니는 입술을 꽉 물더니 한숨을 쉬었다.

"그 사람들은 결국 원하는 걸 찾아냈어. 근데 우리 남편이 일본을 도왔다는 증거라며 뭘 내놓은 줄 아니? 남편이 군함과 공격기들을 그린 스케치북이었어. 그걸 이유로 경찰들이 남편을 감옥에 가뒀어."

대니는 수도 아주머니의 말을 이해할 수 없었다.

"군함과 공격기 그림에 무슨 문제가 있는데요?"

"항구에 어떤 군함이 있는지, 공군이 소유한 공격기가 어떤 종류인지 일본에 정보를 줬다는구나. 경찰들은 남편이 이번 공격을 도왔다고 생각해."

"사실이 아니라고 말해 보셨어요?"

"물론 말했지. 남편은 하와이에서 평생을 산 사람이야. 미국을 누구보다 사랑해. 이번 공격에도 얼마나 분노했는지 몰라. 일을 마치고 집에 돌아온 날 밤에도 자기는 미국 해군에 입대해서 이렇게 아름다운 하와이를 이 지경으로 만든 자들과 싸우고 싶다고 했어."

"그럼 그 이야기도 하셨어요?"

"물론이지. 하지만 아무 말도 들으려 하지 않았어. 다른 일본인도 꽤 많이 체포했다는구나. 미국에 사는 일본인을 모두 감옥에 가둘 거라는 소문도 있어."

대니는 이런 일이 벌어지는 게 도무지 믿을 수 없었다. 밀스 선생님은 항상 미국은 자유의 나라라고 하셨다.

마침 아키가 장난감 기차를 들고 달려왔다.

"대니 형, 놀자!"

수도 아주머니는 대니의 손을 부드럽게 토닥인 다음, 빨래를 마저 널러 갔다. 지금 수도 아주머니를 도울 수 있는 가장 좋은 방법은 아키와 놀아 주는 것이다.

대니는 아키를 집으로 데려와 오후 내내 놀아 줬다.

줄곧 대니는 수도 아주머니의 말을 떠올렸다.

아주머니를 도울 방법은 없을까?

하지만 아무것도 떠오르지 않았다.

그날 밤, 침대에 누울 때까지 그 생각은 계속됐다.

대니는 문득 뭔가 해 줄 수 있는 사람이 한 명 떠올랐다.

다음 날 아침, 대니는 우체국으로 달려가 얼 개스키에게 전보를 쳤다.

얼이 수도 아저씨를 감옥에서 풀려나게 할 수 있을지, 없을지는 알 수 없었다. 하지만 일주일 뒤, 수도 아저씨가 돌아온 게 분명했다. 언덕에서 큰 소리가 들려왔기 때문이다.

"아빠!"

한 시간 후, 아키는 수도 아저씨를 이끌고 대니를 만나러 왔다.

물론 대니는 수도 아저씨에게 아무 말도 하지 않았다. 깡패에게 아저씨를 도와 달라고 부탁했다는 말은 할 수 없었다. 전보가 얼에게 도착했는지도 잘 모르겠고, 도착했다고 해도 얼이 신경 써 준 거라고 어떻게 확신할까.

하지만 당장 대니가 믿을 만한 사람은 많지 않았다. 그래서 대니는 얼이 도와줬다고 믿기로 했다.

크리스마스 선물

1941년 12월 25일 오전 7시 30분

크리스마스 아침, 대니는 이상한 소리에 잠에서 깼다.

침대에 앉아 정신이 들자 엄마를 깨워야 할지 말지 고민했다. 여차하면 길 아래쪽 대피소로 달려가야 하기 때문이다. 마을 사람들 모두 한주 내내 대피 훈련을 했다. 일본이 다시 공격하면 어디로 가야 하는지 이제는 모두가 알게 됐다.

대니는 창문의 암막 커튼을 조금 젖혀 밖을 내다봤다. 빛이 조금이라도 새 나가지 않도록, 모두들 이런 커튼을 집에 달아야 했다. 밤에 일본이 다시 공격하러 온다 해도 칠흑 같은 어둠 속에서 목표물을 알아보지 못하게 해야 했다. 대니는 이렇게 꽁꽁 감싸 놓은 집에 있는 게 싫었다. 마치 살아서

관에 묻힌 것 같았다. 끔찍한 느낌이었다.

사실 모든 게 무섭고 두려웠다.

세계에서 일어나는 일들을 생각하면 두려움이 밀려왔다. 미국은 일본과 독일 두 나라와 동시에 전쟁을 치르고 있었다. 진주만에는 매일매일 더 많은 병력이 도착했다. 그들은 일본과 싸우기 위해 태평양으로 파병될 것이다. 맥은 거의 회복했다. 이제 곧 B-17에 올라 폭탄을 떨어뜨려야 하는 임무를 어려움 없이 해낼 것이다. 맥과 엄마는 좋은 친구가 되었다. 대니가 둘만의 저녁 식사를 주선할 필요도 없었다. 엄마가 맥에게 먼저 데이트 신청을 했기 때문이다.

대니는 엄마가 히캄 공군 기지에서 병사들을 돌보는 게 실은 두려웠다. 수도 아저씨가 다시 체포되지 않을지도 두려웠다. 아키에게 안 좋은 일이 생기면 어떡하나 불안했다.

하지만 대니는 이 모든 감정을 있는 그대로 받아들이기로 했다. 멍하니 아무 생각도 하지 않는 것보다 두려워하는 편이 훨씬 낫다.

생각 없이 살다 보면, 행복도 느낄 수 없을 뿐더러 웃음이

나는 순간도 알아챌 수 없을 것이다. 맥이 엄마와 저녁 식사를 하기 위해 집 앞에 왔을 때, 혹은 수도 아저씨가 자신에게 그림 그리는 법을 가르쳐 줄 때, 아키 녀석이 귀여운 미소를 지으며 달려올 때, 나쁜 일이 일어나지 않을 거라고 안도할 때와 같은 순간들 말이다.

대니는 이제 핀을 생각하면서도 미소 지을 수 있었다.

핀은 많이 회복했다. 대니가 병원에서 밀스 선생님에게 전화를 걸 수 있도록 엄마가 배려해 준 덕에 핀의 소식을 들을 수 있었다. 엄마는 밀스 선생님에게도 엄마와 대니 모두 무사하니 이웃들에게 안부를 전해 달라고 부탁했다. 밀스 선생님은 얼 패거리들이 모두 군에 입대 신청을 했다는 소식도 전해 줬다. 중요한 소식이 또 하나 있었다. 핀은 병원에서 퇴원했고, 지금은 밀스 선생님과 함께 지낸다고 했다.

대니는 그 소식이 무척 기뻤다. 대니는 핀에게 아주 긴 편지를 썼다. 일본의 공격이 일어나는 동안 대니에게 무슨 일이 있었는지를 편지에 담았다. 하와이에서 나가는 모든 편지는 검열당할 거라고 엄마가 말했다. 군인들이 대니의 편지를 먼저 읽고, 적에게 도움이 될 만한 정보는 지울 것이라 했다. 대니는 신경 쓰지 않았다. 수도 아저씨에게 아키의 얼굴을 그려 달라 부탁했다. 편지에 함께 넣을 생각이었다. 수도 아저씨는 그림을 그려 주는 대신 대니가 직접 그릴 수 있게 도와줬다. 대니는 아키의 얼굴을 거의 다 그렸다. 잘 그리지는 않았지만 아주 이상할 정도는 아니었다.

대니는 머리를 베개에 다시 묻었다. 아침마다 지저귀던 새들이 다시 찾아왔다. 대니는 새소리를 기쁘게 들었다.

하지만 바로 그때 이상한 소리가 들렸다. 대니는 잠이 번쩍 깼다.

아기가 훌쩍거리는 소리 같았다. 아키가 와 있는 걸까? 하지만 아키는 수도 아저씨가 돌아온 후부터 돌아다니지 않았다. 대니는 확인해 보고 싶었다.

대니는 재빨리 옷을 걸쳐 입고, 뒤뜰로 나갔다.

소리가 나는 방향으로 따라가니 가시덤불이 보였다.

아키는 아니었다.

나뭇잎이 흔들리듯 바르르 떨고 있는 멧돼지 한 마리가 그

곳에 있었다. 한쪽 귀가 하얀 바로 그 멧돼지였다.

대니는 두리번거렸다. 어미 괴물은 보이지 않았다.

새끼뿐이었다.

대니는 그 녀석을 들어 올렸다. 3주 동안 새끼 멧돼지는 많이 변해 있었다. 세상이 완전히 변해 버린 것처럼 말이다.

대니는 작은 녀석의 눈을 바라봤다.

녀석은 두려움에 떨고 있었다. 그리고 조금 지쳐 보였다. 누군가 자기를 돌봐 주면 좋겠다고 말하는 듯했다.

대니는 망설였다. 멧돼지를 키운다니 그다지 좋은 생각은 아니었다.

하지만 대니는 오래 고민하지 않기로 했다. 어떤 일이든 말이다. 대니는 곧장 아키네 집으로 향했다. 대니의 품에서 마음 놓고 쉬는 새끼 멧돼지를 안고서.

아키가 이 크리스마스 선물을 보고 얼마나 기뻐할까. 대니의 머릿속엔 아키의 미소만이 떠올랐다.

작가의 말

사람이 만들어 낸 재난

　〈내가 만난 재난〉 시리즈의 다른 책처럼 이 책 또한 역사 속 사실을 토대로 썼습니다. 사건과 장소는 실제이고, 인물은 상상으로 그려 냈습니다.

　하지만 진주만에서 생긴 비극적인 상황은 식인 상어, 허리케인, 지진이 만든 재난과는 다릅니다. 진주만 공격은 많은 것을 파괴하기 위해 몇 달 동안 사람이 계획한 재난입니다. 일본의 지도자는 왜 이런 일을 벌였을까요? 진주만 공격이 발생한 후, 무슨 일이 벌어졌을까요? 복잡한 질문이라 답을 이야기에 전부 담을 수 없었습니다. 그래서 '한눈에 보는 재난 이야기 1'에 정보를 따로 정리했습니다!

-로렌 타시스

한눈에 보는 재난 이야기 ①

1941년 12월 7일, 진주만에서는 무슨 일이 있었나?

갑자기 시작된 일본의 공격

오늘날, 일본은 미국의 가장 가까운 친구 나라 중 하나다. 하지만 1930년대 두 나라 사이에는 긴장이 감돌았다. 일본은 자원이 풍부하지 않은 데다 땅덩이도 작다. 당시 일본의 지도자들은 더 큰 부와 권력을 원했고, 결국 원하는 것을 이루기 위해 중국 등 이웃 나라들을 침략하기 시작했다. 일본이 완벽히 다스릴 수 있는 나라들로 제국을 만들겠다는 목표였다.

일본의 군사 지도자들은 일본의 행보를 막을 수 있을 만큼 군사력을 갖춘 나라는 미국뿐이라는 걸 알았다. 일본은 미국 하와이에 있는 진주만을 공격하기로 했다. 진주만은 미국이 아시아로 나아갈 수 있는 태평양 함대의 전진 기지가 있는 곳이다. 일본은 진주만에서 대기 중인 미국의 군함과 공격기를 폭파한다면, 미국이 몇 시간 안에 전투력을 잃을 거라고 믿었다.

미국은 어떻게 대응했을까?

1941년 12월 7일, 일본은 진주만을 갑자기 공격했다. 미국은 큰 충격을 받았다. 미국 사람 대다수가 일본이 처참하게 미국을 짓밟을 수 있을 거라고 상상도 못 했다. 전문가들조차 일본군의 정교한 전략과 능력을 과소평가했다. 공격이 시작된 순간에도 많은 사람이, 심지어 진주만 군의 최고위 간부들도 일본이 폭탄을 떨어뜨렸다는 사실을 믿지 못했다.

충격은 곧 두려움, 공포, 슬픔으로 변했다. 하지만 미국은 빠르고 맹렬하게 대응했다. 바로 다음 날 프랭클린 루스벨트 대통령이 의회에 나타나, 지금까지도 미국 역사상 가장 유명한 연설을 남겼다. 루스벨트는 이 날을 항상 기억하자는 의미로, 1941년 12월 7일을 '치욕의 날'이라 정했다. 미국은 일본에 전쟁을 선포했고, 이를 계기로 제2차 세계 대전에 뛰어들게 됐다. 미국인 수백만 명이 앞다퉈 군에 입대했다.

이미 세계는 1939년 독일의 폴란드 공격으로 제2차 세계 대전의 소용돌이 속에 휩쓸리고 있었다. 일본뿐 아니라 독일 또한 미국의 적이었다. 일본과 독일 두 나라가 함께 싸우겠다는 비밀 협정을 체결했다. 미국은 영국, 프랑스와 연합했다. 여기에 러시아까지 합류하면서 '연합국'이 되었다. 일본은 독일, 이탈리아와 연합하면서 '추축국'으로 불렸다.

제2차 세계 대전은 1939년부터 1945년까지 유럽뿐 아니라 태평양의 여러 작은 섬들에서 격렬하게 벌어졌고, 전 세계적으로 미군

40만 명을 포함해 6천만여 명이 사망했다.
몇 년에 걸친 참혹한 전쟁 끝에 연합국이 마침내 승리했다.

일본계 미국인에게 벌어진 일
진주만 공격 이후 일본은 미국의 적이 되었다. 많은 미국인들은 일본인이 하와이뿐 아니라 미국의 서부 해안까지 침략할 거라며 두려워했다. 미국은 두려움과 공포로 가득 찼고, 미국에 사는 일본인도 경계하려는 인식이 빠르게 퍼졌다.
진주만 공격 4개월 후, 미국 정부는 미국의 특정 지역에 사는 일본인들에게 도시에서 멀리 떨어진 특별 보호 구역으로 옮길 것을 명령했다. 일본계 미국인은 가족이 모두 짐을 싸야 했고, 집과 직장을 떠나 '강제 수용소'로 가야 했다. 대다수가 미국 시민권자임에도 일본 혈통이라는 이유로 일본인 10만여 명이 강제 수용소에서 살게 됐다.
이 수용소는 1945년에 전쟁이 끝날 때까지 계속 운영됐다. 오늘날, 일본계 미국인들의 강제 수용은 미국 역사상 매우 부끄러운 일로 여겨진다. 미국 연방 정부는 1983년에 이를 공식적으로 사과했다.

오늘날 진주만은 어떤 의미일까?
진주만은 오늘날에도 여전히 중요한 군사 기지다. 또한 기념관이자 묘지이기도 하다.
진주만에는 '애리조나호 기념관'이 있는데, 이곳은 군함이 폭발했을 때 사망한 수많은 선원과 해군을 기리는 곳이다. 또한 진주만 공격이 일어난 날에 무슨 일이 있었는지 알아볼 수 있는 아름다운 기념관이다.

기념관은 침몰한 군함 위에 지어졌다. 군함은 항구 바닥에서 수심 12미터 아래 잠들어 있다. 여전히 군함에서 기름이 한두 방울씩 새어 나와 수면 위로 떠오른다고 한다.

기록으로 보는 진주만 공격

- 03시 40분, 미국 군함 콘도르호가 순찰 중 워드호 근처에서 이상 물체 감지·보고
- → 06시 10분, 하와이 북쪽 380킬로미터 해역에 항공 모함 6척 도착. 항공 모함에는 일본군 공격기 181대가 실려 있었음
- → 07시 02분, 진주만 근처 레이더망에 일본군 공격기 감지, 담당자가 미군 공격기로 착각
- → 07시 15분, 워드호 선장이 일본군 잠수함 발견하고 폭파한 뒤 보고서 올림. 보고서 읽은 킴멜 해군 사령관은 오작동으로 여기고 대기
- → 07시 49분, 일본군 제1차 공격대가 진주만 상공 도착
- → 07시 55분, 일본군 공격 시작. 공격기가 미국 군함 7척을 어뢰로 공격. 웨스트버지니아호, 캘리포니아호, 유타호, 오클라호마호가 차례로 침몰
- → 08시 10분, 미국 군함 애리조나호 폭파
- → 08시 54분, 일본군 제2차 공격대 170대가 도착. 미국 군항, 항공 기지 공격
- → 10시 00분, 일본군 공격대가 항공 모함으로 복귀
- 미국 군인 2,388명 사망 | 미국 시민 48명 사망 | 일본 군인 64명 사망
- 군함 12척 침몰, 9척 파손 | 공격기 164대 파손

한눈에 보는 재난 이야기 ②

우리나라는 진주만 공격에 어떤 영향을 받았나?

당시 우리나라는 어떤 상황이었을까?

진주만 공격 이후, 일본과 미국은 태평양을 사이에 두고 치열하게 전투를 벌였다. 이 전쟁을 '태평양 전쟁'이라고 한다. 미국은 이 전쟁을 계기로 1939년부터 유럽에서 벌어지고 있던 제2차 세계 대전에 참전하게 되었다. 그러나 일본에 이웃한 우리나라는 1910년부터 일본의 침략을 받아 식민지로 전락한 상황이었다. 자연히 우리나라도 태평양 전쟁에 영향을 받을 수밖에 없었다.

일본의 정복욕이 구체화된 1930년대 후반, 일본은 우리나라의 민족성을 없애기 위해 '민족 말살 정책'을 펼쳤다. 사람들에게 일본식 성명, 신사 참배를 강요했다. 또한 전쟁에 필요한 물자를 약탈하고, 사람들을 강제로 전쟁터에 내보내기도 했다.

이 때문에 우리나라 사람들은 진주만 공격도 일본 총독부가 선전하는 글로 접했다. 당시 친일파로 변절한 지식인들은 진주만 공격을 찬양하고, 태평양 전쟁에 참전하라는 글을 썼다. 시인 주요한은

잡지 〈삼천리〉(1942년 1월호)에 '하와이의 섬들아'라는 친일시를 발표했다. 진주만 공격의 성공을 홍보하며 "횡포한 아메리카 나라의 아세아 함대는 앉은 자리에서 반신불수의 병신이 됨을 네 보았으리라."는 표현으로 미국을 조롱하는 내용이었다.

진주만 공격을 예견한 독립운동가

주요한과 달리, 하와이에서 여전히 독립운동을 이어 가는 사람들도 있었다. 그중 한길수는 일본의 진주만 공격을 미리 짐작한 인물이었다. 한길수는 한때 일본 총영사관에서 근무한 덕분에 일본의 군사 기밀을 빼낼 수 있었다. 한길수는 이 기밀을 미국에 전달하고 "첩보를 잘 받고 있다. 매우 고맙다."는 미국 국무부의 답신까지 받았다.

하지만 '진주만 공격'을 막지는 못했다. 다만 진주만 공격을 예견했다는 사실이 나중에 알려지면서, 미국의 여러 도시를 다니며 강연했다. 이 자리에서 한길수는 우리나라의 독립을 호소했다.

다른 독립운동가에 비해 잘 알려지지 않았지만, 진주만 공격에 얽힌 한길수의 삶은 다큐멘터리와 영화로 만들어지기도 했다.

진주만 공격이 한반도에 남긴 것

한편 진주만을 공격당한 미국은 제임스 해럴드 둘리틀 중령의 지휘 아래, 일본 주요 지역을 기습 공격할 계획을 세운다. 1942년 4월 18일, 미국은 진주만 공격 때 일본이 사용한 방법 그대로 항공 모함에 공격기 16대를 실어 날랐다. 항공 모함이 계획보다 일찍 발각되면서 일본에 큰 피해를 주지는 못했다.

하지만 미국은 '둘리틀 공습 작전'에서 얻은 경험을 이용해 1945년 8월 6일과 9일, 두 차례에 걸쳐 일본 히로시마와 나가사키에 원자 폭탄을 투하한다. 원자 폭탄의 피해를 입은 일본이 결국 항복하면서 제2차 세계 대전은 끝이 난다.

같은 해 8월 15일, 우리나라 또한 일본의 압제에서 벗어나 비로소 독립의 꿈을 이루게 됐다. 1910년부터 시작된 일본의 철저한 수탈이 한반도에서도 막을 내린 것이다.